VENTE DU LUNDI 21 DÉCEMBRE 1885

HOTEL DROUOT, SALLE N° 4.

DESSINS

ET

AQUARELLES

DE

L'ÉCOLE MODERNE

EXPOSITION PUBLIQUE

LE DIMANCHE 20 DÉCEMBRE 1885

De une heure à cinq heures.

COMMISSAIRE PRISEUR	EXPERT
Mᵉ MAURICE DELESTRE	M E. FÉRAL, peintre
27, rue Drouot, 27	54, faubourg Montmartre, 54.

IMPRIMERIE PILLET ET DUMOULIN
RUE DES GRANDS-AUGUSTINS, 5, A PARIS

CATALOGUE

DE

DESSINS ET AQUARELLES

DE L'ÉCOLE MODERNE

PAR ANKER, ARCOS, BEAUMONT, BENOUVILLE,

CHAIGNEAU, CORMON, DECAMPS, DELACROIX, DIAZ,

CAROLUS DURAN, GUDIN, HARPIGNIES,

HUMBERT, JACQUE, JAPY, JONGKIND, EM. LEVY, MEISSONIER,

JULES NOEL, ROUSSEAU, SIMONI,

TASSAERT, VAN MARKE, ZIEM, ETC., ETC.

DONT LA VENTE AURA LIEU

HOTEL DROUOT, SALLE N° 4,

Le Lundi 21 Décembre 1885,

à deux heures.

COMMISSAIRE-PRISEUR	EXPERT
Mᵉ MAURICE DELESTRE	M. E. FÉRAL, peintre.
27, rue Drouot.	54, Faubourg-Montmartre.

Chez lesquels se trouve le présent Catalogue.

EXPOSITION PUBLIQUE : le Dimanche 20 Décembre 1885,

De 1 heure à 5 heures.

CONDITIONS DE LA VENTE

La vente sera faite au comptant.

Les acquéreurs payeront cinq pour cent en sus des enchères.

L'exposition mettant le public à même de se rendre compte de l'état des objets, il ne sera admis aucune réclamation une fois l'adjudication prononcée.

Paris. — Typ. Pillet et Dumoulin, 5, rue des Grands Augustins.

DÉSIGNATION

ANDRIEUX

1 — *Conversation.*
Gracieux dessin à la sanguine.

ANDRIEUX

2 — *Soldat à cheval.*
Aquarelle.

ANKER (A.)

3 — *Vieillard, jeune fille et fillette.*
Trois dessins au crayon noir.

ARCOS

4 — *Le Marchand potier.*
Plume.

BEAUCÉ

5 — *La Sieste.*

Plume et sépia.

BEAUME

6 — *Petite fille au chien.*

Aquarelle.

BEAUMONT (Ed.)

7 — *Chasseur diligent*

Quelle ardeur te..., etc., etc.

Air connu, morale aussi.
Jolie aquarelle.

BENOUVILLE (Léon)

8 — *Pêcheur napolitain.*

— *Sainte-Famille.*

Deux dessins à la mine de plomb.
Cachet de la vente de l'artiste (de la collection Mahérault.)

BISÉO

9 — *Vue de Rome,*

Aquarelle. Signée.

BOILLY (Louis)

10 — *Portrait d'homme*.

A la mine de plomb, rehaussé de blanc.

BONINGTON

11 — *Vue du Pont-Royal*.

Aquarelle. Signée.

BOUCHOR (J.-F.)

12 — *La Dune (Saint-Énogat)*.

Dessin à la plume. Signé.

— *Paysage breton*.

Crayon noir. Signé.

BONVIN

13 — *Paysanne coiffée d'un bonnet blanc*.

Crayon noir, rehaussé de blanc, sur papier gris.

BRISPOT (H.)

14 — *Enfants de chœur*.

Crayon noir. Signé.

BROUILLET (P.-A.)

14 & 15 — *Moine.*

Dessin au crayon noir. Signé.

BUTIN (Ulysse)

16 — *Tête de jeune fille.*

Crayon et estompe.

CASANOVA (A.)

17 — *Le Guet-apens.*

Dessin à la plume. Signé.

CHAIGNEAU (F.)

18 — *La Plaine de Barbizon.*

Aquarelle.

CHAIGNEAU (F.)

19 — *Moutons dans un bois.*

Effet d'Hiver.
Crayon noir, rehaussé de blanc, sur papier teinté.

CHAIGNEAU (F.)

20 — *Moutons au ratelier.*

Crayon noir, rehaussé de blanc, sur papier gris.

CHAIGNEAU (F.)

21 — *Troupeau de moutons au clair de lune.*
Crayon noir.

CHAIGNEAU (F.)

22 — *Moutons à l'entrée d'un bois.*
Estompe et crayon noir.

CHAIGNEAU (F.)

23 — *Deux gravures à l'eau-forte.*
Épreuves avant la lettre, sur papier du Japon.

COMPTE-CALIX

24 — *Le Rendez-vous.*
Aquarelle.

CHAVET (V.)

25 — *Personnage en costume Louis XVI.*
Esquisse et fragment d'un tableau.
Dessin au lavis d'encre de Chine. Signé.

CICÉRI (E.)

26 — *L'été et l'Hiver, paysages.*
Deux gouaches, signées.

CLÉMENT

27 — *Odalisque.*
Dessin à la sanguine.

CLÈRE (C.)

28 — *Charlotte Corday.*
Dessin à la plume. Signé.

— *Mme Tallien.*
Plume et crayon. Signé.

COIGNET (Jules)

29 — *Maison sur un rocher.*
A la mine de plomb, rehaussé de blanc.

COMERRE

30 — *Une Danseuse.*
Aquarelle, signée.

CORMON (F.)

31 — *Études de femmes.*
Deux dessins, mine de plomb et plume.

COROT

32 — *Les Rochers de la Gorge-aux-Loups. Forêt de Fontainebleau.*

Mine de plomb.
Vente Corot.

DANDIRAN (J.)

33 — *Vue dans la vallée de Gavarni.*

Aquarelle. Signée.

DECAMPS

34 — *Vieille Femme portant un fagot de bois mort.*

Crayon noir sur pagier gris, rehaussé de blanc.

DELACROIX (Aug.)

35 — *Femmes italiennes et joueurs de flûte.*
Jolie petite aquarelle.

DELACROIX (Eugène)

36 — *Etude de plusieurs figures pour une composition représentant le* Massacre des Innocents.

Plume et sépia, sur papier végétal.

DELACROIX (Eug.)

37 — *Le Jugement de Salomon.*

Croquis à la mine de plomb.
Vente Delacroix.

DELACROIX (E.)

38 — *Tête de panthère.*

Plume et lavis.

DIAZ (N.)

39 — *Clairière dans la forêt de Fontainebleau.*

Mine de plomb.
Vente Diaz.

DROLLING

40 — *Tête de femme et tête de jeune garçon.*

Deux dessins au crayon noir, rehaussés de blanc.

DUBOUCHET

41 — *Idylle.*

Dessin à la plume.

— *L'Education maternelle.*

Dessin à la mine de plomb.

DUPUIS (Daniel)

42 — *Berceuse.*
Dessin à la plume. Signé.

— *Italienne.*
Dessin à la sanguine. Signé.

— *Jeune Femme.*
Dessin au crayon noir. Signé.

DU PATY (L.)

43 — *Le Puits.*
Dessin à la plume. Signé.

DURAN (Carolus)

44 — *Etude, figure et draperie.*
Dessin aux trois crayons.

GASSIES (Georges)

45 — *L'Eglise de Chevilly (Seine).*
Aquarelle.

GIRAUD (Ch.)

46 — *Breton au cabaret.*
Dessin à la mine de plomb. Signé.

GLAIZE (Léon)

47 — *Etude de femme.*

Dessin à la mine de plomb. Signé.

GOBLAIN

48 — *Les Fours à plâtre.*

Aquarelle.

GRANDVILLE

49 — *Le Paysan du Danube.*

— *Malade prenant une potion.*

Deux dessins à la plume.
Collection Jean Gigoux.

GUDIN (Th.)

5o — *Marine.*

Superbe aquarelle, d'un ton harmonieux et de l'exécution la plus fine.

HALS (attribué à Frans)

5i — *Mendiant en buste.*

Pierre d'Italie.

HAMMAN (Ed.)

52 — *Une Curieuse.*

Crayon noir et blanc. Signé.

HARPIGNIES

53 — *La sortie de l'école, à Hérisson.*

Aquarelle.

HAWKINS

54 — *Maison de villageois, à Barbizon.*

Aquarelle.

HERBERT

55 — *Marine.*

Aquarelle signée.

HILDEBRAND

56 — *Marine avec figure et bateau.*

Aquarelle signée.

HERPIN (L.)

57 — *Cabanes au bord de la mer. Coutainville (Manche).*

Dessin à la plume. Signé.

HUBERT

58 — *Entrée de village.*

A la mine de plomb, rehaussé de blanc.

HUMBERT (F.)

59 — *Un Moribond.*

Étude à la mine de plomb. Signée.

JACQUE (CHARLES)

60 — *Enfants jouant avec des moutons.*

Crayon noir, rehaussé de blanc.

JACQUE (CHARLES)

61 — *Croquis militaires.*

Quatre dessins charges, à la mine de plomb.

JACQUE (CHARLES)

62 — *Officier blessé, et intérieur d'un labora-
toire.*

Deux croquis à la mine de plomb dans le même cadre.

JACQUEMART

63 — *Les Glaneuses.*

Mine de plomb.
Vente Jacquemart.

JAPY

64 — *Les Bords de la Marne.*

Aquarelle.

JONGKIND

65 — *Le port d'Anvers.*

Beau dessin, à la mine de plomb, rehaussé de blanc.

DE LA BOULAYE

66 — *Arlésienne et Lorraine.*

Un dessin à la mine de plomb et un dessin à la plume, signé (sur la même feuille).

DE LA BOULAYE

67 — *Cendrillon.*

Dessin au crayon noir. Signé.

DE LA BOULAYE

68 — *La Tricoteuse.*

Dessin au crayon noir. Signé.

LELEUX (ARMAND)

69 — *Deux Bavardes.*

Dessin à la plume. Signé.

LÉONI (OTTAVIO)

70 — *Portrait de jeune femme.*

Crayon noir.

LE ROUX

71 — *La Nourrice.*

Crayon noir et blanc.

LÉVY (ÉMILE)

72 — *Sapho.*

Crayon noir et sanguine.

LÉVY (H.)

73 — *Deux Études au crayon noir.*

Et une à la sanguine.

MADOU

74 — *Le Nouveau-né.*
Crayon noir et encre de Chine.

MAIGNAN (A.)

75 — *Le Soldat et la mère.*
Plume et lavis. Signé.

MAILLART

76 — *Une Leçon de tricot.*
Dessin à la plume.

MANET

77 — *Portrait de jeune femme.*
Pastel de forme ovale.

MARÉCHAL (Ch.)

78 — *Gentilhomme debout.*
Crayon noir.

MARILHAT

79 — *Femme arabe assise sur un divan.*
Aquarelle.

MEISSONIER (Ern.)

80 — *Officier offrant des fleurs à une jeune femme.*

Spirituel dessin à la plume, avec lavis d'aquarelle.

MICHEL (Georges)

81 — *Le Champ de blé.*

Belle aquarelle. Signée.
Au verso: *Arbres au bord d'un chemin.* (Aquarelle.)

MICHEL (G.)

82 — *Chemin et villageois, deux pièces :*

Aquarelle et dessin.

MONNIER (Henri)

83 — *Portrait d'un vieillard.*

Dessin à la mine de plomb. Signé.
Collection Jean Gigoux.

MONNIER (Henri)

84 — *Marchande de gâteaux.*

Aquarelle. Signée.
Collection Jean Gigoux.

MONNIER (Henri)

85 — *Un Homme assis.*

Mine de plomb.

MOREAU (Adrien)

86 — *Marchand de légumes.*

Aquarelle.

MOREL FATIO

87 — *Village arabe au bord de la mer.*

Aquarelle.

NOEL (Jules)

88 — *Vue de la ville et du port d'Alger.*

Belle et importante aquarelle, signée et datée 1859.

NOEL (Jules)

89 — *Vues de Bretagne. La Rade de Brest, Morgat, etc.*

Sept dessins à la mine de plomb, signés.

OUVRIÉ (Justin)

90 — *Vue de Suisse.*

Aquarelle signée.

OSTADE (Adrien)

91 — *Un Écolier.*

Sépia, signée du monogramme.

PÉCRUS

92 — *Portrait de jeune femme.*

Dessin, au crayon noir.

PHILIPPOTEAUX

93 — *Officier d'artillerie à cheval.*
— *Le Président Molé.*
— *Grégoire VII.*

Trois dessins à la mine de plomb.

POIRSON (M.)

94 — *Pêcheuse normande.*

Crayon noir et blanc.

PRUD'HON (P.-P.)

95 — *L'Amour et la frivolité.*

Croquis à la plume.

RAFFET

96 — *Le Paysage du Saint-Gothard.*

Dessin à la sépia pour l'illustration de l'*Histoire de Napoléon*, par Norvins.

RANVIER (J.-V.)

97 — *Une Nymphe.*

Dessin à la mine de plomb.

— *Femme accroupie.*

Étude à la mine de plomb.

RÉGNAULT (le baron J.-B.)

98 — *Scène du déluge.*

Plume et sépia sur papier végétal, signé.

REGNAULT (Henri)

99 — *Études de lions.*

Deux dessins à la sanguine.

— *Lions et panthères.*

Trois dessins au crayon noir.
Collection Laperlier.

ROCHEGROSSE (G.)

100 — *La Marguerite effeuillée.*

Piume et mine de plomb.

ROLL (A.)

101 — *Cuirassier au combat.*

Dessin à la mine de plomb, signé.

ROUSSEAU (Th.)

102 — *Entrée du village de Fleury, près Barbi-*
zon.

Charmante aquarelle, d'une exécution fine et spirituelle,
légèrement rehaussée de gouache.
Vente Th. Rousseau.

ROUSSEAU (Th.)

103 — *Mare dans la forét de Fontainebleau.*

Croquis à la mine de plomb.
Vente Th. Rousseau.

ROYBET (F.)

104 — *Gentilhomme appuyé sur une chaise.*

Mine de plomb.

ROYBET (F.)

105 — *Seigneur assis, vu de dos.*
Mine de plomb.

ROYBET (F.)

106 — *Page debout tenant une épée.*
Mine de plomb.

SCHLESINGER (H.)

107 — *Femmes en prière.*
Deux dessins au crayon noir.

SEGÉ (A.)

108 — *Paysage.*
Dessin à la plume, signé.

SIMONI (G.)

109 — *La Mariée napolitaine.*
Aquarelle signée.

SIMONI (G.)

110 — *Général du temps de Louis XIII exami-*
nant un plan de campagne.
Jolie esquisse à l'aquarelle, signée.

TASSAERT (Oct.)

111 — *Jeune Femme couchée*.

Beau dessin à la sanguine, signé et daté.

TASSAERT (Oct.)

112 — *Jeune Femme à sa toilette*.

Mine de plomb. Signé du monogramme.

TESSON (L.)

113 — *Deux sujets africains*.

Aquarelles signées.

VARLY (J.)

114 — *Petite Marine*.

Aquarelle signée.

VAN MARKE

115 — *Bœuf au pâturage*.

Très beau dessin, à la mine de plomb, rehaussé de blanc.

VERBOECKHOVEN (Eug.)

116 — *Chèvre et chevreau.*

Fin dessin, à la mine de plomb.
Signé avec dédicace à Talma. 1830.

VIDAL

117 — *La Fillette au pain sec.*

Crayon noir et pastel.

WORMS

118 — *Il Mando.*

Guitariste espagnol du siècle dernier.
Deux dessins au crayon noir.

WYLD (W.)

119 — *Une Vue du canal de Venise.*
Aquarelle signée.

WYLD (W.)

120 — *Une Vue de Dresde.*
Aquarelle signée.

ZIEM

121 — *Paysage avec troupeau sous la garde d'un berger.* 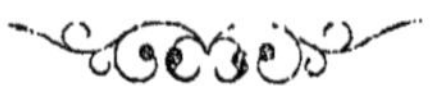

Aquarelle.

122 — *Sous ce numéro seront vendus les aquarelles et dessins non catalogués.*